Manuel

DE

MUSIQUE

à l'usage
des Collèges, des Pensionnats,
et des diverses écoles

PAR

FRANZ GRAST

Ouvrage approuvé par le Département de l'Instruction publique
et par le Conservatoire de Musique
de Genève

4.ᵉ Édition augmentée   Prix net: 2ᶠ 5o

GENÈVE,

chez l'Auteur Corraterie N.º 3

PARIS,

S. RICHAULT, éditeur, 26, Boulevart Poissonnière au 1.ᵉʳ

Propriété de l'Auteur   déposé

1857

MANUEL

DE MUSIQUE.

Avertissement. Ce Manuel est destiné à l'enseignement collectif aussi bien qu'à l'enseignement individuel. Quoique rédigé le plus succinctement possible, il contient néanmoins de nombreux développements, afin de présenter les avantages d'un Traité élémentaire et ceux d'un Dictionnaire.

— Les paragraphes, généralement fort courts, sont tous numérotés, et disposés de manière à pouvoir être appris de mémoire par les Elèves, et à servir de réponses aux questions faites par le Maître.

— L'ouvrage est divisé de façon que, selon le degré de force des Elèves, l'on puisse passer les paragraphes qui paraîtraient un peu difficiles, ou qui ne sont pas indispensables, pour y revenir plus tard, quand il sera nécessaire.

Les paragraphes de développement qui peuvent être momentanément passés, sont marqués ainsi : (.

INTRODUCTION.

La *Musique* est l'art d'exprimer les sentiments par des *Sons*. — Elle se divise en *musique vocale*, et en *musique instrumentale*.

Les *Sons* peuvent être envisagés sous différents points de vue, savoir: 1° *l'intonation* (c'est-à-dire le degré de hauteur ou de gravité) 2° *la durée*, (ou l'espace de temps) 3° *l'intensité*, (ou le degré de force) 4° *le timbre*, (c'est-à-dire le caractère et la qualité)

1ʳᵉ PARTIE.— DE L'INTONATION DES SONS.

Ecriture de Sons, ou Notation, — Portée.

1. Les *Sons* se représentent au moyen de certains caractères appelés *Notes*, dont voici les diverses figures :

2. Il y a en musique sept Notes principales, dont voici la dénomination: *ut, ré, mi, fa, sol, la, si*.

3. Les Notes s'écrivent dans un espace divisé en cinq lignes horizontales, qu'on nomme *Portée*, parce qu'elles servent en effet à porter, à recevoir les Notes. Ex:

4. Mais comme avec ces cinq lignes on ne pourrait représenter que neuf Sons, afin d'en augmenter le nombre on a imaginé de tirer au dessus et au-dessous de la Portée, de petites lignes parallèles aux premières, qu'on nomme *lignes supplémentaires*, et avec lesquelles on opère comme avec les lignes principales. Ex:

lignes supplémentaires à l'aigu.

Portée.

lignes supplémentaires au grave.

G. p. LAVILLEMARAIS.   Imp. JANNOT, rue Lamartine, 50.   G

5. Les lignes et interlignes de la *Portée* se comptent de bas en haut, et les Notes qu'on y place se succèdent en montant par degrés, du grave à l'aigu, dans l'ordre de leurs principales dénominations : (voir §. 4).

Des Clés.

6. Pour éviter la multiplicité des lignes supplémentaires, et déterminer la hauteur et la succession des Sons, on a inventé des signes nommés *Clés*, qui servent en effet à trouver et à reconnaître les différentes Notes.

7. C'est la diversité des Voix et des Instruments qui a donné naissance aux *Clés*, qui, placées au commencement de la Portée, indiquent que la musique qui y est écrite appartient à telle Voix ou à tel Instrument.

8. Les *Clés* sont au nombre de trois, savoir :

la *Clé de Sol* servant pour les *Voix* et les *Instruments aigus*.

la *Clé d'Ut* servant pour les *Voix* et les *Instruments intermédiaires*.

la *Clé de Fa* servant pour les *Voix* et les *Instruments graves*.

(La 1ʳᵉ et la 3ᵉ sont les plus usitées.)

La *Clé de Sol* se place sur la 2ᵉ ligne, à laquelle elle donne son nom.

(Le boucle de la Clé doit s'appuyer sur cette ligne.)

9. Cela connu, il devient facile de trouver toutes les autres Notes placées sur les lignes et interlignes de la Portée, puisque ces Notes se succèdent dans l'ordre de leurs principales dénominations.

(10. La *Clé d'Ut*, (selon les Voix et les Instruments) peut se placer sur la 1ʳᵉ, la 3ᵉ et la 4ᵉ ligne, auxquelles elle donne son nom.

G.

4

(12. La *Clé de Fa* se place sur la 4ᵉ ligne  à laquelle elle donne son nom, (Ce qui se reconnait par les points entre lesquels la ligne passe). — En partant de ce Fa, nous trouverons facilement toutes les autres Notes de la Portée et des lignes supplémentaires.

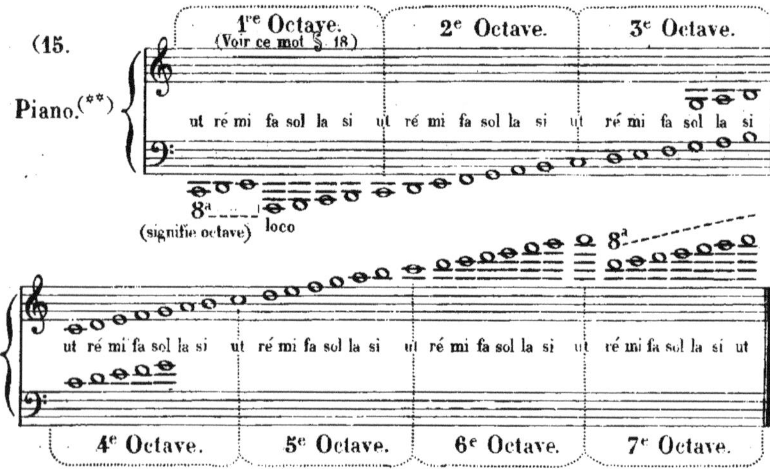

(13. La *Clé de Sol* et celle de *Fa* sont les plus usitées (*).

(14. Voici la Succession et le rapport des Notes dans ces deux Clés, qu'on emploie pour écrire la musique de Piano.

(15.

Piano.(**)

(16. Cette étendue des sept octaves du Piano, renferme à peu près tous les Sons appréciables à l'oreille et forme ce qu'on appelle l'Echelle musicale. — L'octave la plus basse, et les deux plus élevées, se pratiquent rarement (***).

Note.(*) Anciennement on se servoit aussi d'une Clé de Fa, sur la 3ᵉ ligne, ainsi que d'une Clé d'Ut sur la 2ᵉ ligne, qui sont inusitées de nos jours.

Note.(**) On se sert de l'Accolade { pour réunir plusieurs Portées.

Note.(***) On voit, par ce tableau, qu'il eut été possible, à la rigueur, de se passer des Clés d'Ut, et d'écrire toute espèce de musique au moyen de la Clé de Fa et de la Clé de Sol, ainsi qu'on le fait pour le Piano.

G.

Disposition des sept Sons principaux.

OCTAVES. — TONS ENTIERS. — DEMI-TONS. — GAMME DIATONIQUE.

17. Dans le système de musique moderne, les Français, les Italiens et les Espagnols ont adopté les syllabes ; *ut* (ou *do*), *ré, mi, fa, sol, la, si*, pour nommer les sept Sons principaux. — Les Allemands et les Anglais se servent de lettres correspondantes (*). Ex :

18. On appelle *Gamme* (ou Echelle) la succession régulière de ces sept Notes, auxquelles on ajoute une huitième (nommée *Octave*) qui n'est que la répétition de la première, et qui sert de repos pour commencer de nouvelles séries exactement semblables.

19. Une *Gamme* peut donc être prolongée autant que le permet l'étendue d'une Voix ou d'un Instrument, par la reproduction des mêmes Notes à l'aigu ou au grave, et chaque série de huit Notes forme autant d'Octaves.

20. La distance qui sépare chaque degré de l'Echelle n'est pas la même pour toutes les Notes. En effet une oreille délicate reconnaîtra aisément que du 3ᵉ au 4ᵉ degré (*mi* à *fa*) et du 7ᵉ au 8ᵉ (*si* à *ut*) la distance est de moitié plus petite que dans les autres degrés.

21. La distance la plus grande qui se trouve en majorité dans la Gamme, a été nommée *ton entier* (ou simplement *ton*), et la distance la plus petite a reçu le nom de *demi-ton naturel*. (Voir §. 31 et 57 bis).

Note.(*) Autrefois la série des Sons commençait par le *la* (ou A) et suivait l'ordre alphabétique, mais plus tard cet ordre s'est trouvé changé. lorsqu'on a commencé par l'*ut* (ou C).

Note.(**) En Allemagne on se sert de l'*H* pour le *Si♮* et du *B* pour le *Si♭*.

22 Cette disposition de Notes (comprenant cinq tons entiers et deux demi-tons naturels) se nomme *Gamme diatonique*, et forme la base de notre système musical.

GAMME DIATONIQUE EN MONTANT ET EN DESCENDANT.

Solféges.—Vocalisation.—Chant.—Emission de la Voix.

23. On nomme *Solféges* les exercices destinés à la lecture musicale. Tout Elève doit s'exercer à cette lecture, au moyen de la voix, en *solfiant* les Notes, dans le commencement, puis en les *vocalisant* plus tard.

24. *Solfier*, c'est nommer les notes en chantant. — *Vocaliser*, c'est chanter sur une seule voyelle (A par ex.) et *chanter*, proprement dit, c'est faire entendre des Sons musicaux sur des paroles.

25. Les conditions essentielles pour bien *solfier* et *vocaliser* sont : 1º la mémoire des notes ; 2º la justesse de l'oreille et de la voix ; 3º le sentiment de la mesure (voir ce mot §. 104).

26. Le *Solfége* et *la Vocalisation* étant un acheminement naturel à *l'art du Chant*, il est nécessaire, pour ne pas contracter de mauvaises habitudes, de s'appliquer dès le commencement, à obtenir une bonne *émission de voix*.

27. Pour cela il faut, 1º ouvrir suffisamment la bouche, attaquer les Sons franchement, avec justesse, et sans traîner la voix d'une note à l'autre ; 2º articuler nettement les consonnes en solfiant ; 3º éviter le son *nasal, rauque* ou *guttural*, et le *grasseyement de l'R* ; 4º enfin, ménager la *respiration*, qu'il faut apprendre à gouverner à volonté (voir §. 205)

OBSERVATIONS. Le Maître fera solfier les Exercices suivants (ainsi que ceux qu'il voudra y ajouter) en parcourant avec la baguette les Notes écrites par lui sur la planche noire. Il est convenable de donner déjà à l'exécution des Notes, une durée égale et réglée, pour habituer peu-à-peu les élèves au sentiment de la mesure, dont il sera parlé plus loin. Ainsi, quoique les exercices ci-après contiennent déjà des barres de mesure, des silences, etc., ce n'est point encor le moment d'en entretenir les élèves.

Il est préférable, en solfiant, de prononcer *Ut* plutôt que *Do*, cette dernière Syllabe donnant lieu à des équivoques comiques, qui provoquent le rire et dérangent les leçons.

Pour s'accoutumer de suite à la bonne prononciation de l'R, les élèves prononceront la syllabe Ré, en roulant l'R avec le bout de la langue, et en faisant sentir l'accent aigu (ré).

EXERCICES POUR APPRENDRE À SOLFIER LES NOTES DE LA GAMME DIATONIQUE.

28.

29.

REMARQUE. Après avoir solfié souvent des Exercices de ce genre, en remarquant bien la place et l'effet des deux demi-tons naturels de la Gamme, on pourra les étendre davantage, en y ajoutant quelques Notes au grave et à l'aigu (**) Ex.

30.

Note (*) La respiration est indiquée ici par des virgules placées au-dessus de la Portée

Note (**) Pour plus de développements voir le *Solfége élémentaire* du même auteur.

Signes d'altération.

DIÈSE. — BÉMOL. — BÉCARRE. — ÉCHELLE CHROMATIQUE.

31. Ces signes, qu'on nomme, selon le cas, *signes d'altération*, ou *signes accidentels*, sont le *dièse* ♯ — le *bémol* ♭ — et le *bécarre* ♮.

32. Le *dièse* (♯) *sert à hausser* d'un demi-ton la Note devant laquelle on le place, et le *bémol* (♭) *à baisser* la Note d'un demi-ton.

33. Le *bécarre* (♮) est employé lorsqu'on veut remettre la Note dans son état primitif, la Note qui a été diésée ou bémolisée.

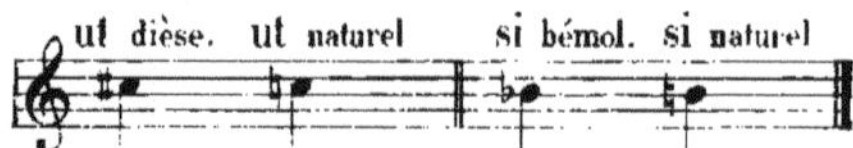

37. Chacune des sept Notes de la *Gamme diatonique* est susceptible de recevoir dans certains cas, un dièse (♯), ou un bémol (♭). — Le ♯, ayant pour objet de hausser les sons, et le ♭, de les baisser, donneront (en montant et en descendant) une succession de Notes, procédant par demi-tons, qu'on nomme *Echelle chromatique*. Ex. :

38. Nous voyons, par l'exemple précédent, qu'en intercalant un ♯ entre chaque ton entier en montant, ou un ♭ en descendant, nous avons obtenu, dans les deux cas, cinq nouveaux sons, lesquels prennent leur dénomination des sept sons principaux, dont ils dérivent, et se désignent en ajoutant le mot dièse ou bémol ; ainsi *ut, ut dièse, — ré, ré dièse,* etc.

39. *L'Echelle chromatique* contient donc *douze demi-tons* (en montant ou en descendant).

REMARQUE. Nous verrons plus loin (§. 74) que chaque Note de l'Echelle chromatique peut servir de point de départ pour former de nouvelles Gammes.

40. Le ♯ et le ♭ s'emploient *à la Clé* et dans le *courant d'un morceau* de musique.

41. *A la Clé*, ils *altèrent durant tout le morceau* (et aux différentes Octaves) les Notes sur les lignes desquelles ils sont placés, jusqu'à ce que des ♮ ou de nouveaux ♯ ou ♭, viennent modifier le son primitif. — Cette disposition des ♯ et des ♭, se nomme *Armure de la Clé*.

42. Dans le *courant d'un morceau*, les ♯ et les ♮ *n'altèrent* la Note que durant la mesure (voir ce mot §. 104) et dans ce cas, ils se nomment *Accidents* ou *signes accidentels*.

Note.(*) Le mot *diatonique* est formé de deux mots grecs qui signifient *par tons*, parceque, dans la Gamme de ce nom, les tons entiers sont en majorité.

Note.(**) Le mot *chromatique*, qui est aussi formé d'un mot grec, signifie *nuance, couleur*, le demi-ton chromatique (formé par un ♯ ou un ♭) peut être regardé en effet comme une nuance musicale du son primitif.

Du double dièse et du double bémol.

(43. Chaque Note haussée ou baissée d'un demi-ton, peut encore, dans certains cas, être haussée ou baissée d'un nouveau demi-ton, par un *double dièse*, ou par un *double bémol*.

(44. Le *double dièse* s'écrit ainsi : ♯♯, ou X — Le *double bémol* ainsi : ♭♭. Tous deux ne s'emploient qu'accidentellement. Ex :

(45. Pour changer le *double dièse* X en ♯ simple, ou le *double bémol* ♭♭ en simple ♭, il suffit de placer un ♮ devant l'altération.

(46. Pour remettre dans son état primitif une Note doublement altérée, il n'est besoin que d'un seul bécarre ♮.

Des Intervalles naturels.

47. La distance d'un son à un autre s'appelle Intervalle.

48. Les Intervalles sont appelés *harmoniques* si on les emploie simultanément Ex : Ils deviennent *mélodiques*, si on les fait entendre successivement. Ex :

49. Les Intervalles se comptent du grave à l'aigu. — Ils reçoivent leur nom du nombre de degrés dont ils sont composés ; ainsi, à partir de *l'unisson* (ou deux Notes sur le même degré), une Gamme diatonique quelconque renferme les *Intervalles naturels* suivants.

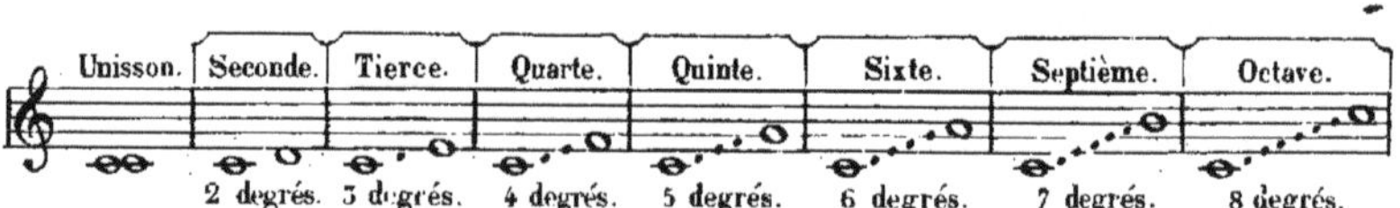

50. Dans certains cas, on continue la succession des Intervalles, et l'on nomme *neuvième*, le redoublement de la Seconde, — *dixième* celui de la Tierce, etc.

EXERCICES SUR LES INTERVALLES NATURELS DE LA GAMME DIATONIQUE.

Note (*) Ce signe ⌢ est un temps d'arrêt, dont il sera parlé plus loin (§.150).

G.

Altération des Intervalles.

(52. Comme nous savons (§. 37) qu'au moyen des ♯ et des ♭, la Gamme peut être divisée en douze demi-tons (*) nous obtiendrons par là toutes les modifications (*altérations*) possibles dans les Intervalles. — Ils se distingueront entre eux (selon leur étendue) par les mots: *majeur* (grand), *mineur* (plus petit), *augmenté*, *diminué* et *juste ou parfait* (soit inaltéré).

(53. Le nombre de demi-tons contenu dans un Intervalle sert donc à faire apprécier la nature de chacun de ces derniers. Ainsi la *tierce diminuée* est composée de deux demi-tons, la *tierce mineure*, de trois demi-tons, la *tierce majeure* de quatre demi-tons, la *tierce augmentée* de cinq demi-tons; Ex :

OBSERVATION. (*) Ici le Maître pourra momentanément laisser de côté tout ce qui concerne l'Altération et le Renversement des Intervalles, pour donner les premières notions sur la valeur, ou durée relative des Notes (page 26).

Note. (**) Le *demi-ton* est l'Intervalle le plus petit qui soit appreciable à l'oreille C'est la difference d'intonation qu'on remarque entre le son produit par une touche blanche du Piano, et celui de la touche noire la plus voisine, comme Ut♮ Ut♯.

G.

TABLEAU DES INTERVALLES
ET DE LEURS ALTÉRATIONS.

(54.

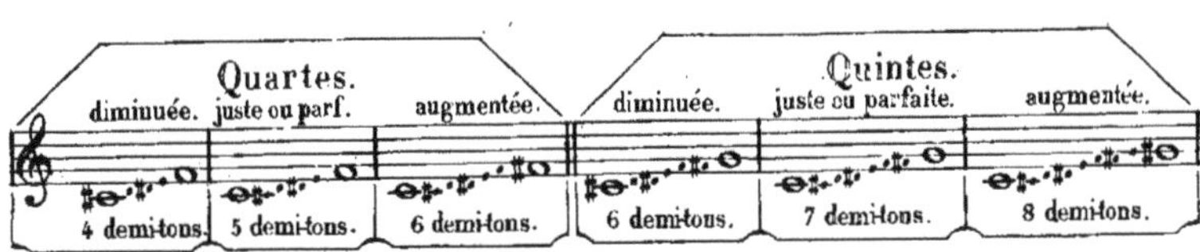

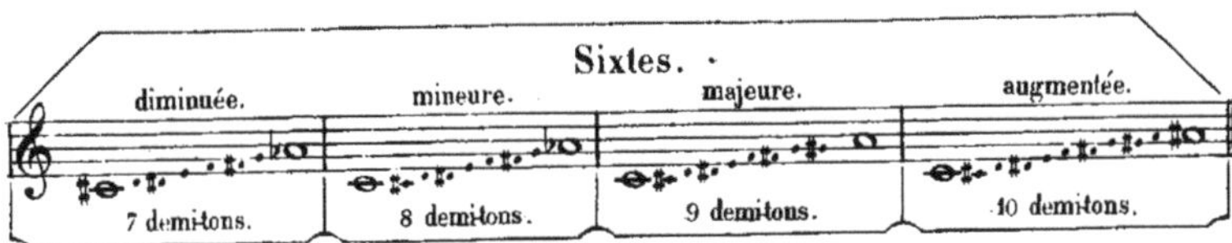

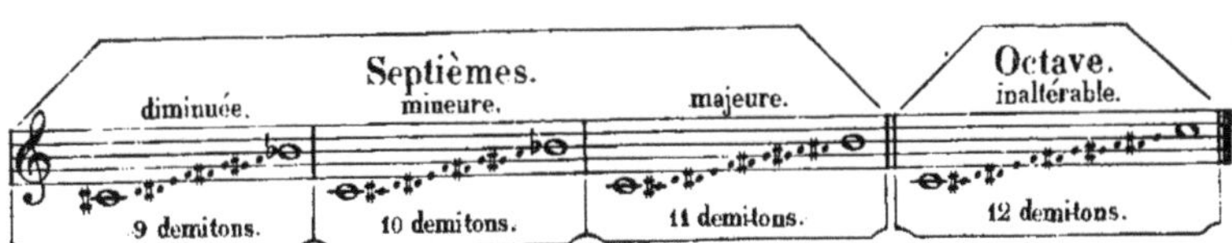

(55. Il est encore un genre d'Intervalle appelé *enharmonique*, qui a lieu lorsqu'une Note change de nom sans changer de Son d'une manière sensible à l'oreille, comme *Ut* ♯ et *Ré* ♭. Ex:

Note. (*) Il est important de ne pas confondre les Intervalles qui contiennent le même nombre de demi-tons, ainsi dans l'Exemple suivant, l'Intervalle (ut – ré♯) cesserait d'être une *Seconde*, si l'on écrivait (ut – mib) et deviendrait une *Tierce mineure*.

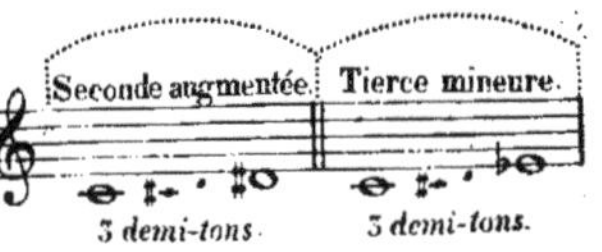

Du renversement des Intervalles.

(56. Tous les Intervalles sont susceptibles de *renversement*; c'est-à-dire qu'on peut transporter la Note principale à la partie supérieure, et la Note supérieure à l'inférieure. Ex: 

(57. Cette opération donne les resultats suivants:

devient { l'UNISSON, la SECONDE, la TIERCE, la QUARTE, la QUINTE, la SIXTE, la SEPTIEME, et l'OCTAVE, octave. septième. sixte. quinte. quarte. tierce. seconde. unisson.

(58. De plus, le renversement donne lieu a une inversion dans la qualité des Intervalles, ainsi:

les Intervalles { MAJEURS, les MINEURS, les Int AUGMENTÉS, les DIMINUÉS, la QUARTE JUSTE, et la QUINTE PARF. deviennent { mineurs. majeurs. diminués. augmentés. devient quinte parf. quarte juste.

(59.

TABLEAU DES INTERVALLES RENVERSÉS.[*]

Note. (*) On peut reproduire ce même tableau en partant d'une Note quelconque.

Note. (**) L'unisson ne constitue pas réellement un Intervalle; mais il doit trouver place ici comme renversement de l'octave.

G.

Des Consonnances et des Dissonances.

60. Tous les Intervalles (entendus simultanément) ne plaisent pas à l'oreille à un même degré. Les Intervalles les plus agréables se désignent par le nom de *Consonnances*; ceux qui le sont moins, et qui demandent à être enchaînés avec les autres pour satisfaire le sens musical, se nomment *Dissonances*.

61. Les *Consonnances* les plus flatteuses à l'oreille sont: les *Tierces* et les *Sixtes*, majeures et mineures. —(Ce sont celles qui, dans les Chants à plusieurs voix sont le plus fréquemment employées.) La *Quinte parfaite*, la *Quarte juste*, l'*Unisson* et l'*Octave* sont aussi des *Consonnances*, mais d'une qualité inférieure, et d'un effet plus vague.
Ex.

REMARQUE. Pour bien apprécier l'effet des Intervalles, il importe de les faire solfier simultanément, comme il suit.

62. Ainsi donc, excepté les Tierces et les Sixtes (majeures et mineures) la Quinte, la Quarte, l'Octave et l'Unisson, tous les autres Intervalles sont Dissonants.

63. Les *Dissonances* sont désagréables par elles-mêmes; mais lorsqu'elles sont suivies de *Consonnances*, elles rendent plus vif le plaisir que celles-ci procurent à l'oreille.

64. La plupart des *Dissonances* font leur résolution en descendant d'un degré (comme l'indiquent ici les petits points).

65. Les Intervalles présentés *successivement* servent à créer la *Mélodie*.

66. On appelle *Mélodie* une heureuse combinaison de sons, qui par leur élévation et leur durée, forment des Chants. Ex:

67. Les Intervalles entendus *simultanément* servent à produire l'*Harmonie*. Ex:

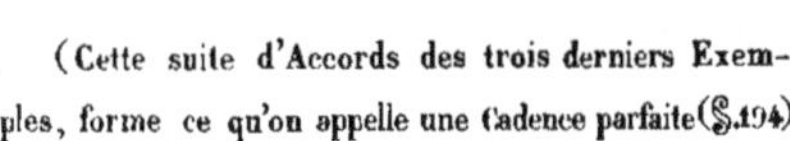

68. L'*Harmonie* est le résultat des Accords (*), et un *Accord* la réunion de plusieurs sons résonnant ensemble.

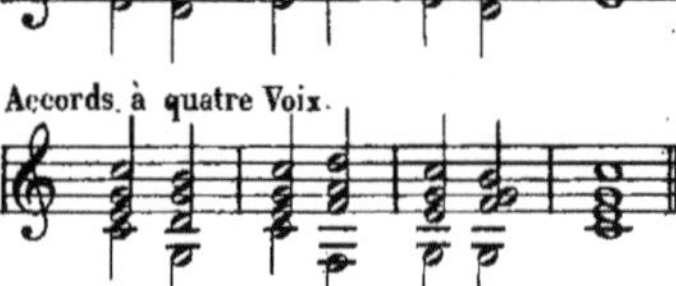

(Cette suite d'Accords des trois derniers Exemples, forme ce qu'on appelle une Cadence parfaite (§.194).

Du Mode majeur et du Mode mineur.

69. On entend par *Mode*, en musique, la manière d'être, ou le caractère particulier d'une *Gamme diatonique*.

70. Nous avons dans le système de musique moderne, deux *Gammes modèles*, qui servent à former toutes les autres. — L'une est dans le *Mode majeur*, l'autre dans le *Mode mineur* (**).

Note.(*) On désigne aussi par le nom d'*Harmonie* le système général des Accords et les lois de leur succession. C'est une science qui exige une étude spéciale.

Note.(**) Avant l'exécution d'un Chant à plusieurs Voix, le Maître aura toujours soin de *faire prendre le Ton du morceau* aux Elèves, qui, à cet effet, devront vocaliser les Notes de l'Accord parfait (majeur ou mineur selon le cas) de la manière suivante : (voir la Note de la page 20).

71. La *Gamme* du *Mode majeur* est caractérisée par la tierce et la sixte qui sont majeures (La tierce majeure contient quatre demi-tons, et la sixte majeure neuf demi-tons)

— Les demi-tons naturels se trouvent de la 3ᵉ à la 4ᵉ Note, et de la 7ᵉ à la 8ᵉ. Ex:

72. Dans la *Gamme* du *Mode mineur*, la tierce et la sixte deviennent mineures.—(La tierce mineure contient trois demi-tons, et la sixte mineure huit demi-tons) Les demi-tons naturels changent de place et sont au nombre de trois. La 7ᵉ Note devant s'appuyer sur l'octave, est haussée d'un demi-ton, au moyen d'un ♯ ou d'un ♮ accidentels. Ex:

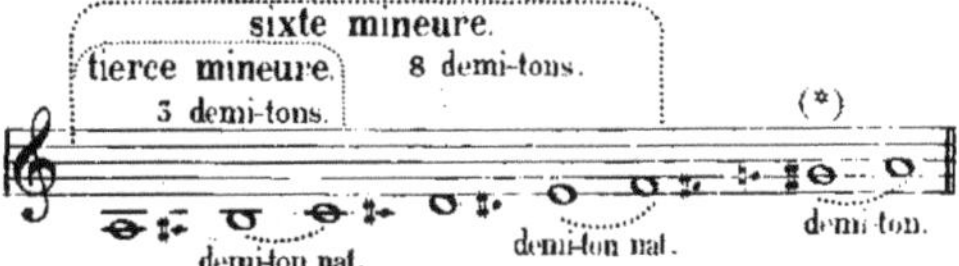

REMARQUE. Nous verrons plus loin (§. 97) qu'il y a plusieurs manières exceptionnelles de monter et de descendre la Gamme mineure.

73. Dans chaque *Gamme majeure* et *mineure*, quatre Notes (ou degrés) ont une désignation particulière. La 1ʳᵉ se nomme *Tonique*, parce qu'elle donne son nom au Ton (**) ou à la Gamme.—La 5ᵉ se nomme *Dominante* parce qu'elle entre dans beaucoup de combinaisons musicales.—La 4ᵉ se nomme *Sous-dominante*, à cause de sa position, la 7ᵉ se nomme *Note sensible* lorsqu'elle fait pressentir la tonique (et 7ᵉ degré dans les autres cas).

Note.(*) Pour bien saisir la différence de la Gamme majeure et de la Gamme mineure, on peut aussi écrire cette dernière, *en partant de la même Note* (ut) et en mettant un ♭ devant le *mi*, et devant le *la*.

Note.(**) Le mot *ton* a deux significations distinctes. Nous avons vu (§. 21) qu'on nomme *ton* la distance qui existe, par exemple, entre *ut* et *ré*,—*ré* - *mi*, etc. (dans ce cas nous l'écrirons par un petit t). On nomme aussi *Ton*, la Note principale d'une Gamme sur laquelle on établit un Chant.

Formation des différentes Gammes.

74. Comme un Air quelconque peut être chanté (selon les voix) *à différents degrés de hauteur*, on a employé, pour parvenir à ce résultat dans la Notation, le procédé suivant.

75. Chacune des Notes de *l'Echelle chromatique* (§. 23) pouvant devenir *Tonique*, servira de point de départ pour former de *nouvelles Gammes majeures et mineures*, qui devront être construites d'après les deux modèles ci-derrière (§. 71 et 72) c'est-à-dire avoir leurs demi-tons aux mêmes places. (*)

76. Pour obtenir un arrangement pareil, on a recours aux ♯ et aux ♭. Par exemple, si l'on voulait disposer une Gamme majeure, en commençant par *Ré* au lieu d'*Ut*, l'ordre voulu des tons et des demi-tons serait interverti. Ex:
— On fait disparaître cette irrégularité en mettant un ♯ devant le *Fa* et devant l'*Ut*. Ex:

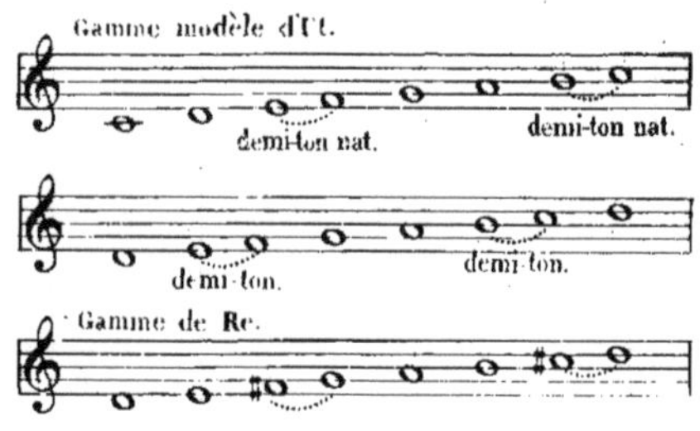

77. De cette manière on obtient une suite de deux tons, un demi-ton, trois tons, et un demi-ton, comme dans la Gamme commencée par Ut. — Et l'on opère de même pour la formation des autres Gammes.

78. Cependant, comme il eût été incommode de répéter à chaque instant, devant les Notes, les ♯ ou les ♭ nécessaires à la formation de chaque Gamme, on est convenu de placer, une fois pour toutes, ces *Accidents* au commencement de la Portée, et *près de la Clé*, sur les degrés correspondants, où ils servent pendant toute la durée du morceau

79. Les ♯ et les ♭ destinés à former les divers *Tons* (ou Gammes), doivent se poser à la Clé, dans un *ordre invariable* que nous allons indiquer.

Note. (*) Les Gammes d'Ut majeur et de La mineur sont regardées comme modèles (ou types) parce que n'ayant pas d'accident à la Clé, elles sont naturellement les plus simples.

C'est ici l'occasion de recommander de ne faire nommer les Notes (*ou solfier*) que dans ces deux Gammes, et cela jusqu'à ce que les Elèves en aient acquis la parfaite connaissance. Les autres Gammes qui en dérivent, ne représentant plus de son absolu (puisque les demi-tons naturels changent de place) devront être simplement *vocalisées.* Il en est de même des Solféges écrits dans ces dernières Gammes.

80. A partir du *fa*, les dièses (♯) se placent alternativement à la clé par *Quarte en descendant* et par *Quinte en montant.* Ex:

81. A partir du *si*, les bémols (♭) se placent par *Quarte en montant*, et par *Quinte en descendant.* Ex:

(**82.** Remarquons que la position des bémols est inverse de celle des dièses.

Désignation de divers Tons majeurs et mineurs, et manière de les reconnaître.

83. Chaque *Ton majeur principal* a son *Ton mineur relatif*, ainsi nommé parce qu'il a la même armure (§. 41).

84. Les Tons relatifs mineurs se trouvent toujours à une tierce mineure au-dessous des Tons majeurs.

85. Pour écrire un morceau de musique, on a le choix (à partir des deux Gammes modèles d'*ut* majeur et de *la* mineur, qui n'ont aucun accident à la clé) des sept Gammes diésées ou bémolisées, et de leurs Gammes relatives mineures.

86. Mais plusieurs de ces Tons pouvant être remplacés par leurs synonymes (**), afin de diminuer le nombre des accidents placés à la clé, l'usage

---

Note. (*) Le ♯ du *la* se place en bas parce qu'au dessus de la portée il se confondrait avec le ♯ du *sol*.

Note. (**) Le Ton d'Ut♯ par exemple: (qui a sept ♯ à la clé) est remplacé par celui de Ré♭ qui n'a que cinq bémols. Le Ton d'Ut♭ (qui a sept ♭ à la clé) est remplacé par celui de Si♮, qui n'a que cinq dièses.

a réduit le nombre des Tons usités aux *douze Tons majeurs et mineurs* dont voici le tableau:

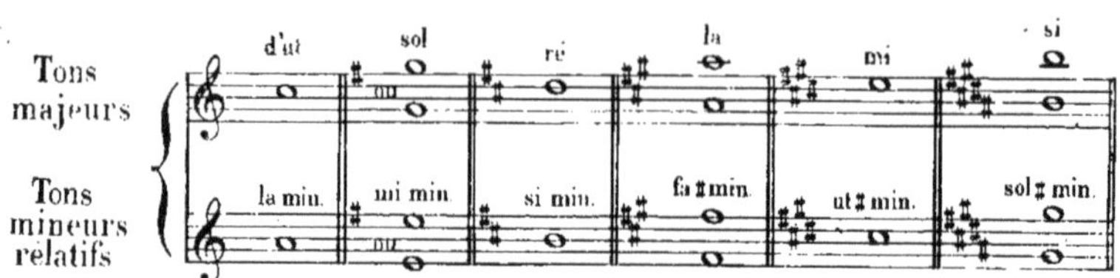

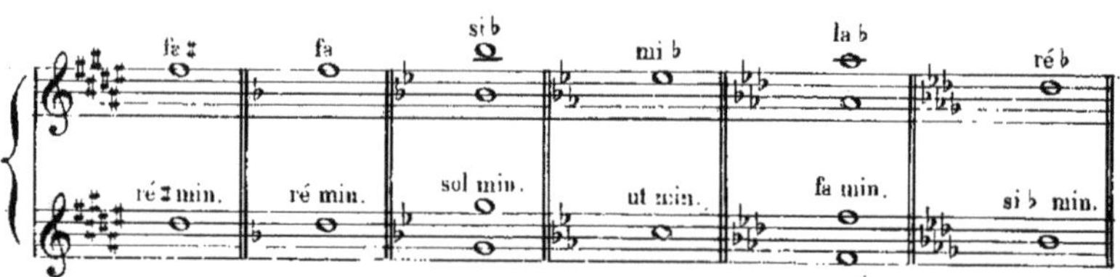

87. Pour bien connaître le Ton d'une pièce de musique, les conditions importantes sont:

1° l'inspection des *Accidents placés à la Clé;*

2° la distinction d'une *Note sensible fixe* pour les Tons majeurs, et *acciden-telle* pour les Tons mineurs;

3° enfin, la découverte de l'*Accord parfait* majeur ou mineur, dans le *Chant* ou l'*Accompagnement*, et la connaissance de la *Note fondamentale* qui leur sert de base (*).

Note. (*) L'Accord parfait est composé d'une Note grave, nommée fondamentale, d'une tierce majeure ou mineure, et d'une quinte parfaite. — Quand la tierce est majeure, l'Accord est appelé majeur; et quand la tierce est mineure, l'Accord devient mineur.

A quatre parties, on ajoute l'octave de la Note fondamentale; à deux parties, on retranche la Quinte. — On se rappelle que les Intervalles se comptent de bas en haut:

G. G.

Règle pour connaître les Tons majeurs.

(88. A partir du Ton d'*Ut* qui leur sert de modèle (et qui n'a point d'accident à la Clé), le dernier dièse placé, intervenant toujours pour amener la Note sensible , indique que *la Tonique est un demi-ton au dessus.*

(89. Un seul bémol donne le *Ton de Fa.* Lorsqu'il y en a plusieurs, c'est l'avant-dernier bémol qui marque *la Tonique elle-même.*

Règle pour reconnaître les Tons mineurs.

(90. 1° Lorsque dans un morceau, la Quinte du Ton (indiquée par l'armure) est altérée *accidentellement* par un ♯ ou un ♮, il y a probabilité qu'on est en mineur; car alors cette *Note altérée* n'est autre que la *Note sensible* du Ton mineur.

(91. Mais le cas n'étant pas sans exception, voici d'autres moyen de s'en assurer.

(92. 2° On est en mineur lorsqu'à partir de la Tonique, le Chant fait les Intervalles de *tierce* et de *sixte, mineures* (§. 72) — 3° enfin lorsque l'*Accord parfait de Tonique* qui se reproduit souvent, et qui doit commencer le morceau, est composé d'une *tierce mineure.* Ex:

(Un moyen d'éviter toute équivoque, serait de porter en dehors de la Clé, (comme ci-après), l'accident qui marque la Note sensible)

(93. Du reste, le *Mode mineur* est d'un effet sombre que ne produit pas le Mode majeur, et, avec un peu de pratique, l'oreille parvient aisément à les distinguer l'un de l'autre.

De la Tonalité moderne.

(94. On entend par *Tonalité*, la constitution, la construction même des deux Gammes modèles et de toutes celles qui en dérivent (§. 71. 72). Ce qui caractérise la *Tonalité moderne*, c'est le rapprochement des degrés, formés dans ces Gammes par les demi-tons naturels. (Voir le tableau suivant)

Gammes des Tons majeurs.

Le Maître devra faire vocaliser souvent toutes ces Gammes, en passant adroitement de l'une dans l'autre.

G.

Gammes des Tons mineurs relatifs.

Observations sur la Gamme mineure.

(97. Il y a trois manières différentes de monter et de descendre la *Gamme mineure*.

(98. La première (celle qui est adoptée dans le tableau précédent) est préférable aux deux autres, parce qu'elle caractérise mieux le Mode mineur (*) Elle à la Sixte mineure en montant et en descendant

(99. La deuxième manière consiste à garder la Sixte mineure et la Note sensible en montant; et à baisser d'un demi-ton la Note sensible, en descendant.

(100. La troisième manière consiste à hausser d'un demi ton le 6e degré, en montant, et à baisser en descendant ce 6e degré et la note sensible.

Cette dernière est plus facile d'intonation, surtout dans les passages rapides, mais le caractère mineur y est moins conservé.

(101. Les Compositeurs peuvent, à volonté, faire usage de ces trois manières, pour obtenir plus de variété.

Note.(*) Ce premier modèle est préférable dans la pratique du Piano, comme présentant un doigté uniforme dans chaque gamme mineure, montante et descendante.

Il est également adopté dans l'enseignement de l'Harmonie, à cause de sa régularité.

De la Transposition.

(102. Souvent il devient nécessaire, pour la qualité des Voix et des Instruments, d'exécuter un morceau de musique plus haut ou plus bas qu'il n'est écrit. L'opération au moyen de laquelle on y parvient est la *Transposition*.

(103. *Tranposer*, c'est donc changer le Ton d'un morceau, en hauteur ou en gravité.

(104. Il y a deux manières de transposer.

(105. La première consiste à copier le morceau dans le Ton nouveau qu'on veut substituer à l'ancien, en ajoutant ou retranchant les ♯ et les ♭ nécessaires à cette transformation. C'est la *Transposition écrite* ou *préparée*.

(106. Si l'on propose, par exemple de *hausser d'un ton* la Gamme d'Ut majeur, on cherchera dans le Tableau précédent (§. 95) la Gamme majeure qui commence un ton plus haut, et l'on trouvera celle de *Ré*, ainsi de suite. Ex:

(107. La seconde manière consiste dans la *supposition d'une autre Clé*, d'une autre armure, et d'autres Notes sur le cahier, que l'on déchiffre à l'instant même. *C'est la Tranposition à vue.*

(108. Par exemple si l'on propose de transposer en *si bémol* un morceau écrit dans le *Ton de Ré*, il faut substituer, par la pensée, la *Clé d'Ut sur la première ligne*, à la Clé de Sol. On suppose deux bémols à la Clé, et la tranposition se trouve faite. Ex:

(109. On peut *transposer* ainsi sur tous les degrés de la Gamme, au moyen des Clés dont nous avons donné la nomenclature. (§. 10 à 14) C'est particulièrement à cet usage que sert la multiplicité des Clés.

(110. Lorsqu'on rencontre des signes accidentels d'altération dans la notation première du morceau, on ne doit point les oublier en transposant.

111. Il est une troisième manière de transposer, qui consiste à *exécuter de mémoire* un Air dont on change le ton primitif. Cela ne se fait guère que pour de simples Mélodies.

2ᵉ PARTIE.—DE LA DURÉE DES SONS.

Valeur des Notes et des Silences correspondants.

112. De même que les Sons diffèrent en hauteur, de même ils diffèrent en *durée*, et cette durée peut s'indiquer d'une manière précise par la forme des Notes.

113. En musique, les repos sont indiqués par des *Silences*, lesquels sont également mesurés et divisés, de la même manière que les Notes.

114. Voici ces divers signes, dont nous allons faire connaître la valeur ou durée relative.

NOMS DES NOTES.			SILENCES CORRESPONDANTS.	
○	Ronde	(ou entière	pause	
♩ ou ♩	Blanche	(ou demie	½ pause	
♩ ou ♩	Noire	(ou quart	soupir	
♪ ou ♪	Croche	(ou huitième	½ soupir	
♬ ou ♬	Double croche	(ou seizième	¼ de soupir	
♬ ou ♬	Triple croche	(ou trente-deuxième	⅛ de soupir	
♬ ou ♬	Quadruple croche	(ou soixante-quatrième	1/16 de soupir	

G.

115. Dans la musique moderne, la *Ronde* représente la valeur la plus prolongée (*). Elle vaut 2 blanches, ou 4 noires, ou 8 croches, etc.

— La *Blanche* vaut 2 noires, ou 4 croches, ou 8 doubles croches.

— La *Noire* vaut 2 croches, ou 4 doubles croches, et ainsi de suite.

116. Chacune des Notes représentées ci-dessus vaut donc la moitié de celle qui précède, et le double de celle qui suit.

117. Lorsque la durée d'un Son doit être double, triple ou quadruple de la valeur d'une ronde, on en lie plusieurs par des traits d'union. (§ 123.)

(Cette prolongation du son se nomme Tenue)

118. Lorsque plusieurs croches, doubles ou triples croches se succèdent, leur crochet est souvent remplacé par des barres qui les unissent de cette manière:

119.

TABLEAU DE LA VALEUR RESPECTIVE DES NOTES.

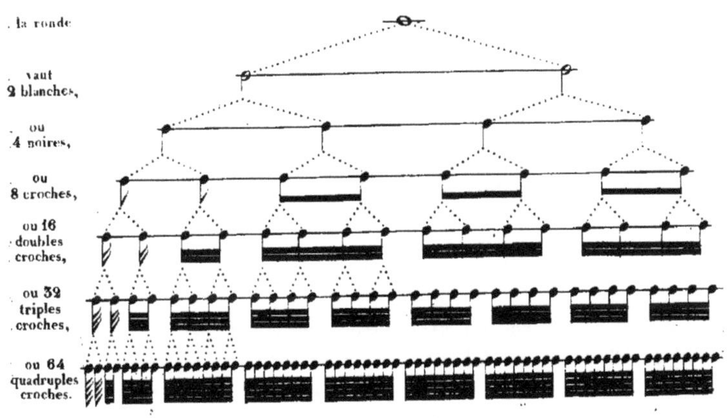

Note. (*) Dans l'ancienne musique d'Eglise on rencontre souvent cette note ▭ nommée Carrée, qui a la valeur de 2 rondes (O O) Voir l'ancienne mesure à 4 temps (page 30)

120. La *Pause* ━ est un silence qui équivaut à une Mesure quelconque. (Voir ce mot §. 104.) Quand une partie musicale doit se taire durant plusieurs mesures, on se sert des signes suivants:

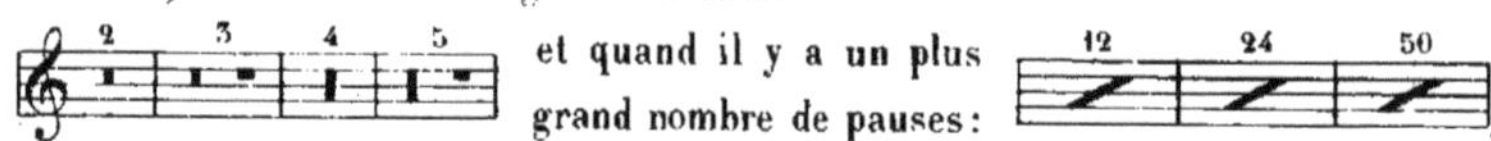

et quand il y a un plus grand nombre de pauses:

Du Point et du double Point après la Note, et après les Signes de Silence.

121. Un *Point* placé après une Note ou un Silence, les prolonge de la moitié de la valeur. (On le nomme *Point d'accroissement.*)

122. Le *double Point* après une Note ou un Silence, les prolonge des ¾ de la valeur.

123. Le signe ⌒ employé ci-dessus, s'appelle *liaison* ♩‿♩ Placé comme ici sur 2 *notes semblables*, il sert à empêcher de répéter la seconde, de manière que les 2 notes *n'expriment qu'un seul son.* ━ Dans un grand nombre de cas, on remplace les points après la Note par des Notes liées entre elles.

Note. (*) Il est d'usage de ne pointer ni les Pauses ni les ½ Pauses, les valeurs correspondantes facilitant davantage la lecture.

124. Il ne faut pas confondre la *liaison* avec un autre signe courbé, appelé *Coulé*, qui se place *sur plusieurs Notes de différents degrés*, pour indiquer qu'elles doivent être liées entre elles dans l'exécution. Ex :

Du Rhythme. — De la Mesure. — Des Temps.

125. Le *Rhythme*, en musique, est le retour périodique des mêmes valeurs de notes.

Ex :

126. Le *Rhythme* a donné naissance à la *Mesure*, dans la notation musicale.

127. La *Mesure* est une unité de temps acceptée, qui se reproduit à intervalles réguliers, et qui sert à diviser en parties égales la durée des Sons.

128. La *Mesure* est nécessaire à la Mélodie, qui, sans elle, serait trop vague et sans effet.

129. On sépare les *Mesures* entre elles par une ligne perpendiculaire sur la Portée, appelée *barre de Mesure*. Ex :

130. Les divisions principales de la Mesure se nomment *Temps*. — Ces Temps peuvent consister en Blanches, Noires ou Croches; seulement il est de rigueur qu'ils soient tous de même espèce.

131. Les *Temps* se marquent par des mouvements égaux de la main ou du pied. (Voir § 141.)

132. Pour indiquer le *nombre de Temps et la valeur de Notes* qui doivent être compris entre les deux barres d'une mesure adoptée, on écrit au commencement du morceau de musique, et près de la Clé, *des chiffres*, (ou quelquefois une *lettre*), et la durée de la mesure une fois indiquée, chacune des Mesures du morceau ne peut contenir que des valeurs équivalant à la valeur fondamentale.

133. Quand la Mesure est désignée par des chiffres, le *chiffre supérieur* marque les *divisions principales* qui doivent entrer dans la mesure, et le *chiffre inférieur*, la *qualité* ou l'espèce de Note adoptée. — Ainsi $\frac{2}{4}$ indique qu'il faut dans cette mesure 2 fois la 4ᵉᵐᵉ partie d'une Ronde: $\frac{6}{8}$, 6 fois la 8ᵉᵐᵉ partie de la Ronde, etc.

134. Il n'y a que *trois sortes de Mesures principales,* celles à 2 *Temps,* à 3 *Temps, et à* 4 *Temps,* dont on a fait deux catégories, savoir: les *Mesures simples,* et les *Mesures composées.*

135. Dans les *Mesures simples,* les Temps sont divisés par 2.   Ex:

136. Dans les *Mesures composées,* chaque Temps est divisé par 3, parce qu'il est suivi d'un point qui augmente sa durée de moitié. Ex:

137.   TABLEAU DES MESURES ANCIENNES ET MODERNES.

MESURES A 2 TEMPS.

MESURES A 3 TEMPS.

MESURES A 4 TEMPS.

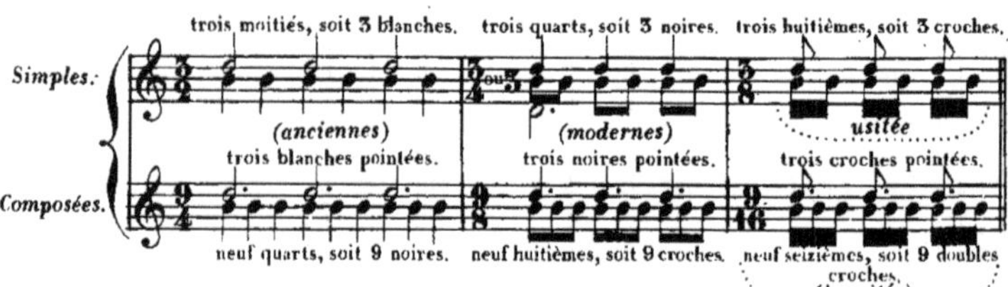

Note. (*) Autrefois on avait des Mesures à 2, 3 et 4 Rondes; mais elles ne figurent point dans ce Tableau, parce qu'elles sont entièrement abandonnées aujourd'hui.

Manière de marquer, ou de battre la Mesure; Accentuation.

138. L'action de *battre la Mesure* a pour objet d'en indiquer le partage en *Temps égaux*.

139. Parmi les Temps d'une Mesure, il en est de plus sensibles et plus marqués que les autres, sur lesquels notre instinct musical nous avertit d'appuyer; tandis qu'il nous dit de glisser légèrement sur les autres ; c'est ce qu'on appelle l'*Accentuation*.

140. Les Temps sur lesquels on appuie sont les *Temps forts*, les autres sont les *Temps faibles*. (Voir §. 143).

141. Le *premier Temps* de chaque Mesure est un *Temps fort*, qui se frappe toujours sur la Note ou le Silence qui suit immédiatement la barre de mesure.

142. La manière de marquer les Temps principaux, est la même pour les *Mesures simples* et pour les *Mesures composées*. — Seulement, lorsque ces dernières sont employées dans les morceaux lents, il est d'usage, pour en faciliter l'exécution, d'indiquer en outre, (et légèrement) le nombre de Noires ou de Croches etc., qui composent chaque Temps.

TABLEAU DES DIFFÉRENTES MESURES ET MANIÈRE DE LES MARQUER.

143. Dans les *Mesures à deux Temps*, le 1er se bat en frappant, et le 2^d en levant.

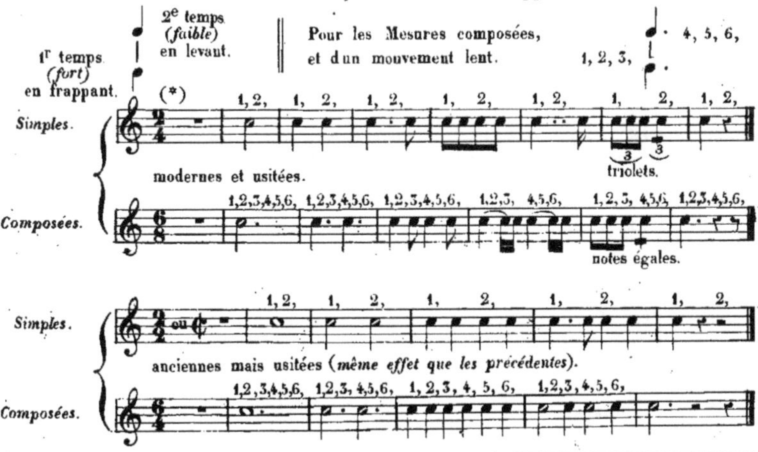

Note (*) Dans la Mesure à 2/4 (*d'un mouvement lent*), et pour faciliter les divisions de la Mesure, on bat quelquefois exceptionnellement les quatre Croches, en prenant chaque Croche pour un Temps.

144. Dans les *Mesures à trois Temps*, le 1ᵉʳ se bat en frappant, le 2ᵉ à droite, et le 3ᵉ en levant.

145. Dans les *Mesures à quatre Temps*, le 1ᵉʳ se bat en frappant, le 2ᵉ à gauche, le 3ᵉ à droite, et le 4ᵉ en levant.

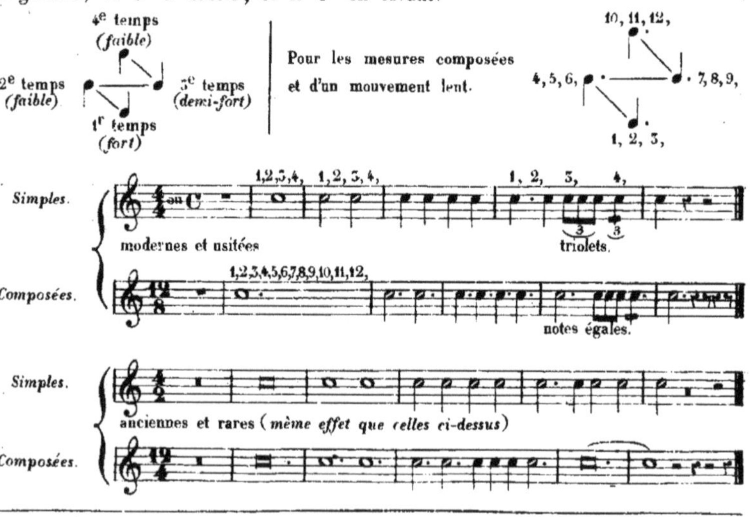

Note (*) Pour plus de développements, voir dans le *Solfége élémentaire*, du même Auteur, les Exercices rhythmiques sur les différentes mesures.

G.

(146. Quelques Auteurs ont fait exceptionnellement usage d'une *Mesure à 5 Temps*, qui n'est autre chose que la réunion d'une mesure pair à une mesure impair. — Voici comment elle s'indique: Ex: 

147. Quelquefois la 1re mesure d'un morceau est incomplète et commence par une, 2 ou 3 notes, qui n'ont pas la valeur de tous les Temps dont cette mesure devrait être composée. Ex:

Ces dispositions irrégulières de la mesure sous-entendent ce qui manque pour la compléter. On les nomme *Levées*, parce qu'elles appartiennent aux Temps de la Mesure qui se marquent en levant.

De la Syncope.

148. Ce mot qui vient du grec, signifie coupure; en musique la *Syncope* est, en effet, une Note coupée en 2 parties par un Temps ou par la barre de mesure. — Autrement dit, la *Syncope* est le prolongement d'un Temps faible sur un Temps fort.

149. La Syncope a donc pour résultat de déplacer l'accentuation, de la transporter d'un Temps à un autre, Ex:

Du Triolet et du Sextolet.

150. Le *Triolet* est un groupe de 3 Notes de même espèce, qui s'exécutent dans le même temps que 2 Notes pareilles.

151. L'emploi du Triolet s'indique par un 3, placé au-dessus ou au-dessous du groupe de 3 notes. —— Il s'applique également à une valeur quelconque de Notes. Ex:

TRIOLETS
ou
3 Notes
pour deux.

152. Naturellement on peut suppléer à une ou plusieurs Notes du Triolet par des *Silences*, Ex:

153. Le Triolet peut être en partie lié avec une autre Note de la Mesure. Ex:

154. Le *Sextolet* est un groupe de 6 Notes de même espèce, qui s'exécutent dans le même temps que 4 Notes pareilles. (Il représente aussi quelquefois un triolet à Notes doublées).

155. L'emploi du Sextolet s'indique par un 6 placé au-dessus ou au-dessous du groupe.—Il peut s'appliquer aussi à une valeur de Notes quelconque. Ex:

SEXTOLETS
ou
6 Notes
pour quatre.

156. REMARQUE. Le *Sextolet* doit s'exécuter tout autrement que 2 *Triolets*. Dans le Triolet l'accentuation doit tomber de 3 en 3 Notes, tandis que dans le Sextolet, elle doit tomber de 6 en 6 Notes. Ex:

Triolets.

Sextolets.

(**157.** On trouve quelquefois des groupes de Notes dans la proportion irrégulière de 5 à 4, de 7 ou de 9 à 8, etc. qu'on emploie principalement dans la musique instrumentale.

(**158.** Ces sortes de valeurs devenant arbitraires, on place au-dessus des passages le Chiffre représentant le nombre de Notes employées.

Ex:

Interruptions et Altérations de la Mesure.

159. La plus forte interruption que puisse subir la Mesure est celle du *Point-d'orgue* ⌢ Ce signe placé sur une Note ou un Silence quelconque, indique qu'il faut s'y arrêter un certain temps.

Ex: 

160. Souvent le Point-d'orgue est suivi d'un trait écrit en petites Notes, qui s'exécutent à volonté. Ex:

161. Outre le Point-d'orgue, il existe encore dans la Mesure d'autres Altérations qu'on désigne ainsi: *Sēnza tēmpo*, sans mesure, — *Cōlla vōce*, avec la Voix, — *Cōlla pār̄te*, avec la partie, — *A piacēre* (ou ad libitum) à volonté.

162. Et lorsqu'on veut rentrer dans la Mesure, on se sert des mots suivants: *a tēmpo*, en mesure, — *tēmpo prīmo*, dans le 1er mouvement (*).

Du Mouvement dans la Mesure.

163. Le *Mouvement* est le degré de lenteur ou de vitesse qui détermine, pour chaque morceau, la durée des Sons.

164. Il y a 3 caractères de Mouvements principaux, savoir: le *Lent*, le *Modéré*, le *Vif*, entre lesquels plusieurs modifications viennent encore trouver place.

165. Voici les divers Mouvements, en allant du plus lent au plus rapide; il est d'usage de les indiquer en termes italiens.

Mouvements lents. *Lārgo*, largement, — *Grāve*, grave, sérieux, — *Lēnto*, lent, — *Larghētto*, assez largement. — *Adāgio*, lentement, posément, — *Cantābile*, chantant et gracieux, — *Andānte*, allant, calme, — *Andānte sostenūto*, andante soutenu, — *Andānte espressīvo*, andante expressif, — *Andānte mōsso*, andante plus animé, — *Andantīno*, sans trop de lenteur.

Note.(*) Les Syllabes longues sur lesquelles il faut appuyer, dans la prononciation italienne, sont indiquées ici par un petit — placé au-dessus.

Mouvements modérés. *Moderāto*, modéré, — *Maestōso*, majestueux. — *Tēmpo giūsto*, temps juste, exact, — *Tēmpo di mārcia*, temps de marche, *Allegrētto graziōso*, Allegretto gracieux.

Mouvements vifs. *Allēgro*, gai, animé, — *All° moderāto*, vîtesse tempérée, — *All° leggīero*, allegro léger, — *All° brillānte* ou *Con brīo*, allegro brillant, — *All° risolūto*, résolu et accentué, — *All° con fuōco*, allegro avec feu, — *All° assāi*, vîtesse très marquée, — *Schērzo*, badinage, vif et léger, — *All° vivāce*, avec vivacité, — *Prēsto*, pressé, rapide, — *Prestīssimo*, grande vîtesse.

166. Plusieurs de ces termes (indiquant les Mouvements principaux) se prennent substantivement, et l'on dit souvent, *un Andānte*, *un Allēgro*, *un Schērzo*. etc.

167. Depuis quelques années, on se sert d'un instrument nommé *Métronome*, qui indique d'une manière encore plus précise le degré de mouvement voulu par le Compositeur.

Altérations dans le Mouvement.

168. Aussi bien que la Mesure, le Mouvement est susceptible de recevoir quelques Altérations. — Les unes ont pour but de le presser, comme *Stringēndo*, en pressant, — *Accelerāndo*, en accélérant, — *Strētto*, serré, — *Piu mōsso*, plus vite, — *Animāndo*, en animant.

169. Les autres Altérations servent à le ralentir, comme: *Rallentāndo*, ou *rall:* en rallentissant, — *Ritardāndo*, ou *ritard.* en retardant, — *Ritenūto*, ou *riten.* en retenant.

170. On joint quelquefois aux indications précédentes les mots: *Piu*, plus, — *Mōlto*, très, — *Pōco a pōco*, peu à peu, — *Non mōlto*, pas trop, — *Assāi*, très, — *Sēmpre*, toujours.

171. Et lorsqu'après ces Altérations on doit reprendre le Mouvement primitif, on en est averti par les mots, *a tēmpo*, ou *tēmpo I°*. (162)

Des Ornements ou Notes de goût qui n'ont pas de valeur déterminée dans la Mesure.

(172. Les *Ornements* les plus usités sont les suivants:

1° La *Note brisée*, est une petite Note traversée d'une barre, et qui, placée devant une Note réelle, doit passer avec rapidité.

(173. 2° *L'appōggiatūre* (de l'Italien appoggiāre, appuyer) est en effet une autre petite Note sur laquelle on s'appuie, et qui, placée devant une Note essentielle, lui emprunte une partie de sa valeur.

Ex:

Ordinairement c'est la moitié. Ex:

(Aujourd'hui l'appoggiature s'écrit le plus souvent avec des Notes réelles)

(174. Mais si l'*Appōggiatūre* accompagne une Note pointée, elle lui emprunte les deux-tiers de sa valeur. Ex:

(175. 3° La *double appōg-giatūre* consiste en 2 petites Notes qui précèdent ou suivent la Note principale. Ex:

(176. 4° Le *Port de voix* (portamēnto) n'est qu'une sorte d'Appoggiature, qui suit la Note principale au lieu de la précéder, et qui prend aussi sa valeur sur cette dernière. Ex:

(177. 5° Le *Groupe* (ou *Grupetto*) est la réunion de plusieurs petites Notes ascendantes ou descendantes, qui se placent avant ou après la Note principale.

(178. Quelquefois le *Groupe* est écrit en abrégé par un signe de convention dont la forme est celle-ci ∞ pour le Groupe descendant, et celle-ci ∞ pour le Groupe ascendant; et si la dernière note doit être accompagnée d'un ♯, d'un ♭, d'un ♮, ces signes accompagnent celui de l'abréviation.

(179. Le *Trille* est la répétition rapide, et alternative, de la Note principale et d'une Note auxiliaire supérieure, tantôt d'un ½ ton, tantôt d'un ton entier. — Il s'indique par les lettres *tr*.

(180. Lorsque le *Trille* doit durer longtemps, on fait suivre le signe *tr* d'une ligne tremblée, qu'on prolonge pendant toute la durée.

(181. Le *Mordant* est une espèce de Trille très bref, qui s'indique par ce signe ∿ placé au dessus de la Note.

3ᵉ PARTIE. — DE L'INTENSITÉ DES SONS.

Nuances. — Signes et termes d'expression.

182. L'*expression*, en musique, est l'art de donner aux notes, aux passages, aux morceaux, l'intensité, l'accent, le caractère qui leur conviennent.

183. Le degré de force ou de faiblesse qu'on donne aux Sons, se nomme *Nuance.*

184. Les Nuances et les Signes d'expression les plus usités, s'indiquent par les mots italiens suivants, ou leurs abréviations.

Piano	*p*	faible.
Dolce	*dol*	doux.
Pianissimo	*pp*	très faible.
....	*ppp*	le plus faible possible.
Forte	*f*	fort.
Fortissimo	*ff*	très fort.
....	*fff*	le plus fort possible.
Mezzo-forte	*mf*	modérément fort.
Mezza-voce	*m. voce*	à demi-voix.
Sforzato	*sf: ∧*	en forçant subitement.
Rinforzando	*rinf. >*	en renforçant le son.
Crescendo	*cresc.*	◁ en croissant peu-à-peu.
Decrescendo	*decresc.*	▷ en décroissant
Diminuendo	*dim.*	ou diminuant peu-à-peu.

40

Smorzāndo	*smorz.*	
Morēndo	*morend.*	en mourant.
Calāndo	*cal.*	
Perdēndosi	*perd.*	en décroissant.

La réunion de ces deux signes ⟡ indique qu'il faut augmenter la force du son, puis la diminuer.

Fōrte-piāno *fp* fort la 1re note et faible la 2de.

185. Le *Coulé* ou *Legāto* ⌣ consiste à bien lier une succession de Notes sur différents degrés. Ex:

186. Le *Staccāto* ou *détaché*, qui est l'inverse du Coulé, a pour objet de bien détacher les Notes.—Il s'indique par des points sur les Notes. Ex:

(187. Le *Piqué* est une espèce de *Staccato* beaucoup plus marqué que le précédent, et qui s'indique par un point plus allongé. Ex:

(188. Quelquefois on place une liaison au-dessus ou au-dessous des points, pour indiquer qu'il faut à la fois lier l'ensemble de la phrase, et donner à cha-que note une certaine accentuation. Ex:

(189. D'autres fois les Notes sont alternativement liées et détachées. Ex:

190. Quelques Signes particuliers sont destinés à indiquer certaines cir-constances de l'exécution instrumentale. Ainsi le *legāto*, le *staccāto*, s'expriment souvent en abrégé, de même que quelques mots ci-après.

Staccāto en abrégé *stacc.* les notes détachées.

Legāto	*Leg.*	les Notes liées.
Pizzicāto	*pizz.*	les Notes pincées.
Col' ārco	*C. A.*	avec l'archet.
Vibrāto	*vib.*	en faisant vibrer le son.
Con sordīni	*con sord.*	avec sourdines.

(191. L'*Arpége* consiste à briser un Accord, c'est-à-dire à en faire entendre successivement toutes les Notes avec rapidité. — L'Arpége s'indique par ce signe ⸾ placé devant l'accord. Ex:

(192. Le *Trēmolo* est un effet produit surtout avec les Instruments à Archet, en multipliant les vibrations, et les faisant succéder avec une grande rapidité.

Sur le Piano le Trēmolo s'obtient en frappant les touches alternativement. Ex:

(193. Les Signes d'expression suivants, d'une signification un peu vague, influent sur le caractère d'un passage ou d'un morceau.

Affettuōso	affectueusement.	*Dōlce*	doux.
Agitāto	agité.	*Risolūto*	résolu.
Amābile	aimable.	*Brillānte*	brillant.
Scherzāndo	en badinant.	*Espressīvo*	expressif.
Cōmmodo	avec aisance.	*Con espressiōne*	avec expression.
Con brĭo	avec éclat.	*Animāto*	animé.
Con fuōco	avec feu.	*Graziōso*	gracieusement.
Maestōso	majestueusement.	*Con grāzia*	avec grâce.
Marcāto	marqué.	*Con ānima*	avec àme.

Tranquillamēnte	tranquillement.	*Lusingāndo*	d'une manière flatteuse.
Con spīrito	avec esprit.	*Furiōso*	furieux.
Con gūsto	avec goût.	*Giocōso*	joyeux.
Capricīoso	capricieusement.	*Mēsto*	triste.
Sēmplice	simplement.	*Leggiēro*	léger.
Con delicatēzza	délicatement.	*Con mōto*	avec mouvement.
Recitatīvo ou *Recit.*	récitatif.	*Con calōre*	avec chaleur.
Sostenūto ou *Sosten.*	soutenu.	*Con bravūra*	avec habileté.
Tenūto ou *Ten*	tenu.	*Con forza*	avec force.
Ritenūto ou *Riten.*	en retenant.	*Lānguido*	avec langueur.
Strepitōso	bruyant.	*Pietōso*	pieusement.
Plācido	calme, tranquille.	*Strētto*	serré, vif.
Dolorōso	avec douleur.	*Mōlto*	beaucoup.
Flēbile	plaintif.	*Pōco*	peu.
Impetuōso	impétueux.	*Pōco a pōco*	peu à peu.
Nōbile	avec noblesse.	*Pōco piu*	un peu plus.
Stringēndo	en pressant.	*A piacēre*	à volonté.

4ᵉ PARTIE.—DU TIMBRE DES SONS.

194. Le *Timbre*, comme on le sait, est cette qualité du Son pour laquelle il est moelleux ou sec, perçant ou sourd, aigre ou doux.—Or, chaque Instrument et chaque genre de Voix ayant un *timbre* particulier, il ne peut entrer dans le plan de cet ouvrage d'en parler beaucoup ici; nous nous bornerons à donner, (dans le Tableau suivant) l'*Etendue et la Classification des Voix*, avec l'indication de *leurs Registres*.

195. On nomme *Registres de la Voix*, chaque série de Sons de même nature.—Il y a le *registre de poitrine*, le *registre de tête*, et le *registre mixte*, qui participe des deux premiers.

TABLEAU DE L'ÉTENDUE ORDINAIRE DES VOIX. (et des *REGISTRES*)

mise en rapport avec le Clavier du Piano.

(196.

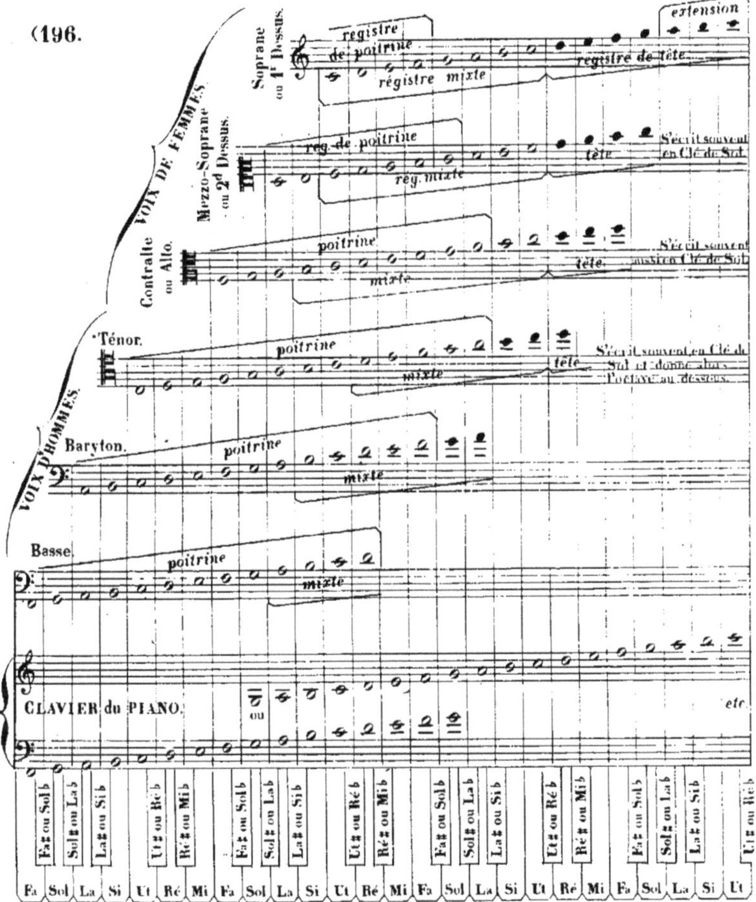

197. Les Voix d'hommes ont (comme on le voit) la même étendue que les Voix de femmes, une octave plus bas.

198. Chaque espèce de Voix s'abstiendra de dépasser les limites qui lui sont propres, et emploiera de préférence les Sons du *Medium* (ou milieu) de leur étendue.

APPENDICE.

Des Phrases musicales, – des Périodes, – des Cadences, – de la Mélodie.

199. La *Mélodie,* comme le discours, est composée de parties qu'on nomme *phrases,* et la réunion de plusieurs phrases constitue une *période.*

200. Les *Phrases musicales* sont ordinairement formées de 4 ou de 8 mesures, (et exceptionnellement de 3 et de 6) qui doivent correspondre autant que possible par le *Rhythme* (ou retour périodique des mêmes valeurs de notes) Ex:

201. La *Mesure* est nécessaire à la *Mélodie,* qui sans elle ne serait point assez déterminée; mais la *Mélodie* a également besoin de points de repos pour distinguer et séparer les unes des autres.

202. Ces divers repos des phrases (qui sont comme la ponctuation du discours musical) se nomment *Cadences.* — Il y en a de plusieurs espèces:

203. 1° La *Cadence* parfaite (ou entière) sert à conclure un morceau, ou seulement une de ses phrases, de manière à ce qu'on y trouve un sens terminé, en s'arrêtant sur la tonique.

204. 2° La ½ *Cadence* est un repos plus faible, qui suspend la conclusion d'une phrase, en s'arrêtant provisoirement sur la dominante du ton.

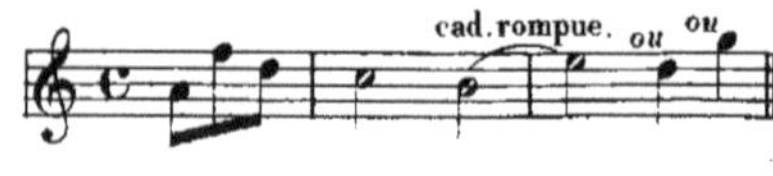

205. 3° La *Cadence rompue* est un repos qui suspend le sens d'une phrase d'une manière inattendue. Ex:

206. La *Mélodie* est formée de *Notes réelles* (ou qui font partie intégrante des Accords) et de *Notes accidentelles* (qui sont étrangères aux Accords) comme les *Appoggiatures*, les *Notes de passage*, et les divers ornements du Chant. —(Les Appoggiatures se font sur la partie forte des temps de la mesure, et les Notes de passage sur les temps faibles.)

207. Une bonne *Mélodie* doit être expressive, bien rhythmée, et disposée en phrases égales, ayant des points de repos plus ou moins prononcés, et symétriquement placés. (Ce sont les diverses Cadences.)

208. Lorsque la *Mélodie* n'a qu'un petit nombre de mesures, elle peut, à la rigueur, rester dans le même Ton; mais dès qu'elle a quelque étendue elle doit, pour plus de variété, passer momentanément dans d'autres Tons voisins.

De la Modulation.

209. On appelle *Modulation* le passage d'un Ton dans un autre, ou le changement de Mode.

210. Les *Modulations* s'opèrent en faisant entendre, dans la Mélodie ou dans l'Accompagnement harmonique, une nouvelle Note sensible, ou un nouveau 4ᵉ degré d'une Gamme. Or la *Note sensible*, se manifestant toujours par l'apparition d'un ♯ nouveau, ou par la suppression d'un ♭ (au moyen du ♮), et *le 4ᵉ degré* par l'addition d'un ♭ ou la suppression d'un ♯, cela nous conduira à reconnaître dans quel Ton l'on passe. Ex:

211. La *Modulation* est appelée *principale*, quand un nouveau Ton s'établit d'une manière précise par une Cadence parfaite. —— Elle est nommée *passagère*, lorsque, dans le courant d'une phrase, et sans faire de Cadence, elle aborde, en passant, différents Tons pour les quitter aussitôt.

212. REMARQUE. La *Mélodie* contient souvent ainsi des *Notes altérées accidentellement* par un ♯, un ♭, ou un ♮, qui n'annoncent point transition dans un Ton nouveau, et qui ne sont que des Notes de passage, des Appoggiatures, destinées à l'embellir ou à la varier. Ex:

213. Il importe de savoir bien apprécier ces différences, dont les divers Chants fournissent de nombreux exemples.

Du Chant – de la Respiration – de la Prononciation du Phrasé – et de la Prosodie.

214. Pour *chanter* bien et avec goût, il ne suffit pas de chanter juste et en mesure; il faut savoir produire, naturellement et sans efforts, des Sons agréables, les soutenir purs, égaux, les nuancer, leur donner de l'expression; —respirer à propos, —articuler nettement les paroles et soigner la prononciation; —il faut enfin savoir bien *phraser la Mélodie*, c'est-à-dire, saisir le caractère d'un morceau, et en rendre convenablement toutes les phrases dans l'exécution.

215. La *respiration* sert à ponctuer le discours musical. Il est donc important de savoir discerner les endroits où l'on peut respirer dans le cours d'un morceau de Chant.

216. Le Chanteur doit *renouveler sa respiration*, adroitement et souvent, en ayant soin de ne jamais couper les mots, et en choisissant les endroits les plus favorables, tels que les *Silences*, la *fin des phrases* (et quelquefois les demi-phrases), le *moment qui précède* une Note qu'on doit soutenir longtemps, ou un *point d'orgue*.

217. On emploie la *respiration entière*, ou une *demi-respiration*, selon le degré d'ampleur et de force, ou de légèreté et de douceur que l'on veut donner au Chant.

218. La *Prosodie musicale*, est, dans le Chant, l'exacte observation des syllabes longues et des brèves.

219. On ne saurait apporter trop de soins à bien prosodier les Couplets des divers morceaux de Chant. — Il est extrèmement rare que la Musique d'un 1ᵉʳ Couplet puisse se chanter, exactement telle qu'elle est notée, sur les vers des Couplets suivants, dans lesquels les repos et les mots sont souvent placés différemment. Il faut donc changer les valeurs de Notes (sans altérer jamais la Mélodie) et quelquefois même en ajouter ou en supprimer quelques unes, selon que le sens du vers l'exige; afin d'éviter de faire un repos ridicule sur des syllabes brèves, sur la moitié d'un mot, ou enfin sur un mot que le sens ne permet pas de séparer du suivant.

Désignation des Parties d'un Morceau de Musique.

220. Une *double barre* traversant la portée indique la fin d'un Morceau ou d'une partie du Morceau:

221. *Deux points à gauche* de la double barre indiquent qu'il faut répéter la partie qui vient d'être jouée:

222. *Deux points à droite* indiquent qu'il faut répéter la partie suivante:

223. Enfin 2 *points de chaque coté* indiquent qu'il faut répéter les 2 parties:(*)

Note. (*) On donne aussi le nom de *partie* à la musique destinée à chaque Voix ou chaque Instrument.

224. Si dans la répétition d'une partie, on doit passer une ou plusieurs Mesures de la fin, et y suppléer par d'autres Mesures, on indique ce changement ainsi. Ex:

225. Pour indiquer l'endroit où il faut reprendre, on emploie ce signe de *renvoi* %, ce qui veut dire que du 2^d signe (*al segno*) il faut retourner à son correspondant % et aller de la jusqu'au mot *Fin*. Ex:

226. *Da Capo* ou **D. C.** indique qu'il faut reprendre du commencement.

227. La fin d'un morceau de musique s'indique, indifféremment, des manières suivantes.

228. Lorsqu'à la fin d'une Portée, la place manque pour écrire la Mesure entière, on emploie ce signe ⌒ appelé *Guidon*, pour indiquer qu'elle ne sera complète qu'au commencement de la Portée suivante.

229. REMARQUE. *Attacca subito*, signifie attaquez de suite.—*Volti subito*, ou *V. S.* tournez de suite,—*Segue*, suivez, — le mot *bis* signifie qu'il faut répéter une ou plusieurs Mesures renfermées dans un trait *bis.* — *Coda* (queue) se dit de la dernière partie d'un morceau.

230. Quand une Voix ou un Instrument doit exécuter seul un passage, on le marque par le mot *Solo*; et quand les Instruments ou les Voix doivent jouer ou chanter tous ensemble, on l'indique par le mot *Tutti*.

Des Abréviations.

231. En musique, on est convenu d'abréger la Notation, et souvent d'en faciliter la lecture, par certains Signes dont voici les plus usités:

G.

Définition de quelques termes employés dans la Musique.

ACOUSTIQUE. Théorie des Sons et de leurs propriétés.

AIR. Nom générique par lequel on désigne toute pièce de musique pour Voix seule. — La forme des Airs est très variée. — Chaque peuple a ses *Chansons populaires* et ses *Airs nationaux* particuliers. — On cite les *Barcarolles* de Venise, les *Tarentelles* et les *Villanelles* de Naples, les *Lieder* et les *Tyroliennes* de l'Allemagne, les *Ranz des Vaches* de la Suisse, les *Boléros* et les *Séguidilles* de l'Espagne, les *Ballades* de l'Ecosse et de l'Irlande. — Il y a des Airs qui, sans être populaires, ont des formes particulières à certains pays; en France on a la *Romance*, le *Nocturne*; en Italie, la *Canzone*, etc. = Les Airs d'Opéras sont de plusieurs espèces: ceux d'un seul mouvement, comme les *Couplets*, la *Romance*, la *Cavatine*, le *Rondeau*, et ceux qui sont composés de plusieurs mouvements, tels que le *Grand-Air*, la *Scène* avec récitatif. = Les Airs de Danse font partie des Airs nationaux des différents peuples; il y avait autrefois la *Gigue*, le *Menuet*, la *Sarabande*, le *Fandango* etc., aujourd'hui l'on a la *Valse*, la *Contredanse*, le *Galop*, la *Polonaise*, la *Mazurka*, la *Polka*, la *Sicilienne*, la *Schottisch*, la *Redowa*. etc.

ANTIENNE. s. f. Chant d'Eglise à 2 Chœurs se répondant alternativement.

AUBADE. Concert qui se donne à l'aube du jour, et en plein air.

BALLADE. s. f. Sorte de romance dont le sujet est un trait historique ou romanesque.

BALLET. s. m. Danse figurée, représentant un sujet.

CABALETTE. s. f. Phrase courte, d'un mouvement animé, qui se place à la fin des morceaux d'Opéras.

CANON. Sorte de composition dans laquelle la mélodie s'accompagne par elle-même, en passant successivement dans chaque Partie. — On écrivait autrefois, en tête de ce genre de morceau des observations sur la manière de l'exécuter; elles s'appelaient *canoni* (règles), de là le mot Canon.

CANTATE. Petit poème mis en musique pour une ou plusieurs Voix.

CANTILÈNE. En italien, *cantilèna*. Synonyme de mélodie. — On dit une douce, une agréable cantilène.

CAVATINE. Air d'un seul mouvement, précédé quelquefois d'un récitatif.

CHŒUR. Morceau à plusieurs Parties, chanté par un certain nombre de Voix.

CHORAL. s. m. Chant religieux, dans le genre du Plain-Chant. (Voir ce mot plus loin)

CLASSIQUE. adj. Se dit des auteurs qui font autorité en musique. — Se dit encore des ouvrages que l'on considère comme des chefs-d'œuvre et qui sont adoptés comme modèles dans l'enseignement de l'art.

CONCERT. Réunion de musiciens qui exécutent des morceaux de musique vocale et instrumentale. — Un Concert *spirituel* est celui où l'on ne chante que de la musique d'Eglise.

CONCERTANT. adj. Se dit d'un morceau de musique dans lequel les différentes Parties brillent alternativement.

CONCERTO. Pièce de musique qui sert à faire briller le talent d'un Instrumentiste.

CONSERVATOIRE. Ecole publique de musique, destinée à conserver, à entretenir les bonnes doctrines.

CONTREPOINT. Art d'ajouter à un Chant donné une ou plusieurs Parties, dont chacune se distingue par un caractère mélodique à elle propre.

DIAPASON. On nomme ainsi *l'étendue* d'une Voix ou d'un Instrument. — On appelle aussi de ce nom un *petit instrument d'acier* qui donne le son fixe d'après lequel on accorde les autres instruments.

ECOLES. s. f. Nom par lequel on désigne les divers systêmes de Composition, et les tendances musicales de certains peuples. — On a *l'Ecole Italienne*, *l'Ecole Allemande* et *l'Ecole Française*.

FUGUE. (du latin, fuga, fuite) Morceau de musique établi sur une phrase donnée, qui, par une imitation périodique, passe alternativement dans divers Tons et dans toutes les Parties, de manière que ces dernières semblent ainsi se poursuivre et se fuir continuellement.

HYMNE. s. m. Chant triomphal et patriotique. — Hymne, chant d'Eglise, est dans ce sens du genre féminin.

IMITATION. On nomme ainsi la reproduction plus ou moins exacte d'un trait de chant, entendu d'abord dans une Partie quelconque, et qui passe ensuite dans une autre Partie.

MÉTHODE. Manière d'exécuter la musique selon les préceptes consacrés. On dit d'un Chanteur *qu'il a une bonne méthode*, quand il observe avec soin toutes les règles de l'Art du Chant. — *Méthode* se dit aussi du recueil de principes propres à former de bons Chanteurs ou Instrumentistes.

G.

MORCEAU. (ou pièce de musique) On désigne ainsi la portion d'un Opéra, d'une Symphonie, etc, ou bien l'ouvrage lui même. — On dit un morceau de musique vocale ou instrumentale. — On nomme *morceau d'Ensemble* un morceau dramatique exécuté par un certain nombre de Voix, tel que le Quatuor, le Quintette, le Sextuor, et ceux formés d'un plus grand nombre.

MOTET. Sorte de Cantique à plusieurs Voix, dont le texte est littéralement tiré de la Bible.

MOTIF. (ou Thème) Idée primitive et principale par laquelle commence ordinairement un morceau de musique.

MUE DE LA VOIX. Changement qui s'opère dans les Voix au sortir de l'enfance. — Chez les jeunes filles il est presque insensible et ne se manifeste que par une plus grande intensité dans le timbre, après que la Mue a cessé. — Chez les jeunes gens, les sons aigus de la voix enfantine sont remplacés par des sons plus graves et plus mâles, de telle sorte que l'ensemble de la Voix se trouve baissé d'une octave. — Pendant la *Mue* (qui chez les jeunes filles a lieu de 14 à 16 ans environ, et chez les garçons de 15 à 17, selon les tempéraments et l'influence des climats) la Voix est rauque et d'une émission difficile, aussi est-il nécessaire pendant cette crise de la ménager beaucoup, et de suspendre même toute étude sérieuse du Chant.

ŒUVRE. s. m. Ce mot dont on se sert pour désigner les ouvrages de musique d'un auteur, est masculin en français. — On se sert aussi du mot italien *opera* (œuvre) pour désigner le numéro des ouvrages d'un musicien. Ex: Opera III, et en abrégé Op. III.

OPÉRA. Drame ou poème destiné à être chanté au Théâtre.

ORATORIO. Drame religieux mis en musique, composé de Chœurs, d'Airs, de Duos, de Trios, etc.

ORCHESTRE. Réunion de musiciens exécutant des Symphonies, ou accompagnant des Voix.

OUVERTURE. Espèce de Symphonie qui précède un Opéra.

PARTIE. Nous avons vu (§ 220) qu'on nomme ainsi la portion d'un morceau de musique, séparée d'une autre par une double barre :‖: — Presque tous les premiers morceaux des Sonates, des Symphonies, etc, sont coupées en 2 parties. — On donne aussi le nom de *Partie*, à la musique destinée à chaque Voix ou chaque Instrument. — On dit *une Partie de Soprano, une Partie de Violon,* etc

—*Solo*, se dit d'un morceau à une seule Partie.—*Duo* (et duetto) d'un morceau à 2 Parties.—*Trio* (et terzetto) d'un morceau à 3 Parties. —*Quatuor* (et quartette) d'un morceau à 4 Parties.—*Quintette*, d'un morceau à 5 Parties. —*Sextuor*, d'un morceau à 6 Parties.—*Septuor*, d'un morc. à 7 Parties. etc.

PARTITION. Réunion de toutes les parties vocales et instrumentales d'un morceau de musique, disposées les unes au dessus des autres, de manière à ce qu'on puisse voir d'un coup-d'œil tout ce qui doit être entendu à la fois, et se rendre compte de l'effet général.

PLAIN-CHANT. Chant non mesuré de l'ancienne musique d'Eglise, d'un mouvement lent, et composé de Notes d'une égale durée.

PRÉLUDE. Courte introduction instrumentale, précédant un morceau de Chant.

RECITATIF. (recitativo) Espèce de chant plutôt déclamé que chanté.

RENTRÉE. Se dit d'un Instrument ou d'une Voix qui, après un silence plus ou moins prolongé, se fait entendre de nouveau.

RIPIÈNO. Mot italien (remplissage) Ainsi: *Violino di ripièno*, Violon de remplissage, c'est-à-dire: Partie non obligée.

RITOURNELLE. Courte phrase instrumentale, qui s'exécute entre les couplets d'un Chant.

SÉRÉNADE. Concert qui se donne le soir sous les fenêtres de quelqu'un.

SONATE. Composition instrumentale, formée de 3 ou 4 morceaux différents.

SYMPHONIE. Composition pour l'Orchestre, divisée (comme la Sonate) en 3 ou 4 morceaux de différents caractères.

STYLE. On se sert de ce mot, dans la musique, pour désigner le caractère distinctif d'une Composition, ou du talent d'un exécutant.

TACET. Mot latin employé pour indiquer le silence complet d'une Partie vocale ou instrumentale, pendant un morceau.

TUTTI. (tous) Mot italien employé, lorsqu'après un Solo, toutes les Voix ou tous les Instruments doivent reprendre ensemble.

VOIX ÉGALES. (morceau à voix égales) Se dit de Voix de même nature; Voix d'hommes, ou Voix de femmes —*Voix mélangées*, se dit de la réunion des Voix de femmes et d'hommes.

TABLE.

www.ingramcontent.com/pod-product-compliance
Ingram Content Group UK Ltd.
Pitfield, Milton Keynes, MK11 3LW, UK
UKHW031800170726
13836UKWH00003B/1099